1 MONTH OF
FREE
READING

at

www.ForgottenBooks.com

By purchasing this book you are eligible for one month membership to ForgottenBooks.com, giving you unlimited access to our entire collection of over 1,000,000 titles via our web site and mobile apps.

To claim your free month visit:

www.forgottenbooks.com/free1342834

ISBN 978-0-365-60126-5
PIBN 11342834

AGUZZA L'INGEGNO

Farsa Giocosa per Musica divisa in due Parti

ORIGINALE

DI GIUSEPPE FOPPA

DA RAPPRESENTARSI

NEL REGIO TEATRO

DI VIA DEL COCOMERO

L' Autunno dell' anno 1806.

SOTTO LA PROTEZIONE DELLE LL. MM.

CARLO LODOVICO

INFANTE DI SPAGNA

RE DI ETRURIA ec. ec. ec.

E

MARIA LUISA

INFANTA DI SPAGNA

REGINA REGGENTE

IN FIRENZE.

Dai Torchi di Regina Venni Vedova Luchi

ATTORI.

POLICARPIO Zio
   Sig. Giovanni Cayner.

REGINELLA Nipote
   Sig. Teresa Gioja.

Il Sig **TIMONELLA**, uomo grossolano, e ricco
   Sig. Giovacchino Santini.

ERASTO, amante riamato di Reginella
   Sig. Gio. Batista Brocchi.

MARTELLINA, cameriera di Reginella
   Sig. Vincenzia De Anna.

TRESPOLOTTO, servitore di Policaapio
   Il Sig. Niccolò Paini.

La Scena è in Livorno.

La Musica è del Celeberrimo Maestro.

VALENTINO FIORAVANTI Romano.

ATTO UNICO

SCENA PRIMA.

Sala comune con varie porte.

Policarpio ed Erasto, poi Reginella.

Pol. AH signor vi prego andare;
   Stabilito è appien l'affare.
   Diedi già la mia parola,
   Nè la posso ritirar.

Era. Deh ascoltate in cortesia,
   Compatite in me l'amore.
   Si potrebbe, in fede mia,
   Un ripiego ritrovar.

Pol. Non lo vedo; è un impossibile!...
Era. Se voleste un po badarmi ...
Pol. Arrivate un pò a seccarmi .
Era. Quest' è un essere crudele ...
Pol. (Quest' è perdermi rispetto!
   (Eh finitela cospetto!
   (Oh potendola anche dare,
a 2 (Non la voglio a voi sposar.
Era. (Io vi porto gran rispetto.
   (Voi lo fate per dispetto ...
   (Ah che un torto così grande
   (Non arrivo a tollerar.

(esce Reginella con affettato contegno di
 semplicità e di riverenza.

Reg. Zitto!... (fermandosi sulla porta.
Pol. Quà pupilla mia.
       (la fa' venire avanti.
   Preparato io t'ho un sposino;
   E non vuol quel signorino ...
       (accennandole Erasto.

Reg. Oh! un gran scandalo mi par.
   L'amabil mio zio.
   Dev'esser rispettato,
   (verso Policarpio che se ne compiace.
   Dev'essere ... (burlato ...)
       (con arte a Erasto.

Va bene?   (a Pol.

Pol.   Ottimamente.

Reg.   Se a me darà uno sposo
      Di cor lo prenderò, (come sopra
      Di cor (vostra sarò ...)
      Va bene?

Pol.   A perfezione.

Reg.   Sì, sì, mio caro zio,
      Di cor lo prenderò!

Reg. (Ah fate presto presto
    (Lo sposo sia quì lesto.
    (Io sento gran contento
    (D'avermi da sposar.

Pol. Vedete che figliuola!
     (O come è a me obbediente!

a 3   (Signor impertinente,
     (Vi deve ciò bastar.

Era. (Ammiro la figliuola!
     (O come ell'è obbediente!
     (Son stato impertinente,
     (M'avete da scusar.

Era. Dunque deciso avete di far sposa
Questa vostra Nipote
Al signor Timonella di Piacenza?

Pol. Sì certo. Reginella
   A quest'uom ricco assai si sposerà,
Che in oggi per l'appunto aspetto qui
E' ver?   (a Re

Reg.   Da voi dipendo o mio Signore.

S C E N A II.

Trespolotto affannato e detti.

Tre. **H**H padrone!...

Pal.   Che c'è?

Tre. Intesi a dir che il vostro buon amico
Il signor Califurnio
Stà per crepar ...

Pol.   Oimè!.. corriam da lui!..
           (va e torn

Era Voi ven potete andare.

Pol.   Qui per voi non c'è che fare.
    (via correndo dalla comune, seguito da
    Trespoletto che si fa vedere a ridere
    nel seguitarlo.

SCENA III.

Reginella, Erasto poi Martellina.

Reg. **MA** che imprudente siete mai! Con arte
                (vivamente.
Tento burlar l'ingiusto zio
Perchè sagrificar mi vuole a forza
A un uom che non conosco,
  Ma che di certo sò ch'è un babbuino,
  E voi venite!..
Era.   Amor mi fe temere
Di perdervi..
    (esce Martellina assai frettolosa.
Mar.   Signorà ...
Reg.   Cos'è nato?
Mar. E' or ora qui arrivato
  Il signor Timonella vostro sposo.
Reg. Diavolo!..
Mar.   Destramente
  L'ho trattenuto nelle stanze a basso,
  E mandai Trespolotto a far partire
  Ora il signore zio con quel pretesto.
Reg. Egregiamenre! Presto;
      (con gran movimento.
Ci convien porre in opra un mio progetto.
A ragion mi promentto,
Che se a seconda il mio pensier mi và.
Lo sposo disperato se n'andrà!
        (partono tutti.

SCENA IV.

*Timonella introdotto da un servitore che par-
te subito, poi Erasto, Martellina e Trespolotto, tutti a loro tempo*
Tim. **C**He piacere è pigliare per mog
    Una bella e graziosa ragazza

E si balla e si canta e si sguazza,
  E saltella di giubbilo il cor.
  Allor quando lo zio quì verrà,
  La mia cara sposina vedrò...
(quì si sente Erasto che grida di dentro.

Era. Nò, nò, nò!.. dico di nò!...
(esce e parla verso la porta, nè bada mai
a Tim. che lo sollecita.

Tim. Come, nò!..
Era.   Quest' è un'azione
                                (rapidamente.
  Propriamente da briccone!
  E' un tradire il forestiero ...
Cim. Come ;... cosa!... dica .. senta ...
Era. Dirgli ciò che non è vero!
    Attrapparlo !.. corbellarlo !...
    Ingannarlo ... assassinarlo !..
    Farlo sposo a tradimento !..
    Non la posso tollerar.
                        (entra furiosamente.
Tim. Bru ... bru ... bru ...
                    (contraffacendo Erasto.
  Che saetta!.. che flagello ?..
  Ma che ha detto !.. son io quello ..
(esce Martellina la quale con lazzi caricatissi
  mi di pianto e singhiozzi fa la scena d'Erasto.

Mar. Uh! che affanno ... uh! che dolore!...
    Uh! vorrei ... uh! non ho core ..
Tim. Quà!.. con me ... vorrei ... spiegat ...
Mar. Uh! sposino ... uh! poverino !..
    Uh! mi sento oh dio! mancar.
                                (entra.
Tim. Uh! uh! uh!..   (contraffacendola.
    Dove diavol son venuto !.
    Che diabolico saluto !..
(esce Trespolotto che con caricatissimi lazzi di
  ridere fa con Timonella la scena dei suddetti.

Tre. Ah! ah! ah!.. che matrimonio!
    Ah! ah! ah!.. che bella sposa !..
Tim. Sposa !.. quale!.. chi !.. che .. cosa !...
Tre. Ah! ah! ah ! sarà gustosa !
    Ah che chiasso s'ha da far!.. (entra.
Tim. Ah! ah! ah!..

(contraffaeendolo come sopra.
Ho capito: non c' è male:
Son dei matti allo spedale ...
(qui escono i tre suddetti, i quali caricano Timonella che si adopera ec. nè mai gli badano.

Era.   Se lo vedo ... se lo trovo ...
Se lo incontro ... oh allor mi provo ...
Voglio dire ... voglio fare ...
Gli vo tutto dichiarare.
Vo che scappi da un birbante
Che si mal lo vuol sposar.
Mar.
Uh!.. infelice sventurato!..
Uh!.. chi mai l'avrebbe detto!
Uh!. tradito disperato
Via di quà lo vedo andar.
Tre.
Ah ah ah !.. che bella sposa !..
Ah ah ah! che zuccherino!..
Ah ah ah! il signor sposino
Consolato avrà da star.
Tim.
Ma spiegate ... ma sentite ...
Ma badatemi ... ma dite ...
Bru... che siate maledetto !..   (a Era.
Uh! che siate bastonata !..   (a Mar.
Ah !.. che gente indiavolata !..   (a Tre.
Io vi mando a far squartar.
(li suddetti corrono via.

S C E N A V.

Timonella poi Reginella.

Tim. EH qui sotto di certo o v' è un' inganno,
O ci stà un gran malanno.
Si parla d' uno sposo disperato,
Di sposa da burletta.
Chiarir di ciò mi voglio in fretta in fretta.
(per partire: esce Reginella, che viene da
lui per forza portata all'inquà del teatro.
Eh voi non mi scappate. Quà, quà, quà,
Reg. Pian pian.

Tim.   Prima di tutto,
Ditemi, dove son?

Reg.   Voi siete in casa
Del signor Policarpio Scovolotto.

Tim. Il quale ha una nipote
    Di nome Reginella.

Reg. Certo.

Tim.   Che fu promessa sol per lettere
A certo Timonella Nanerottolo.

Reg. Appunto.

Tim.   Conoscete la ragazza?

Reg. Moltissimo.

Tim.   Vi prego
Farmi sapere le sue qualità.

Reg. (abbassa gli occhi)

Tim. (Oime! brutto principio!)
    Ditemi s' essa è bella.

Reg. (ride modestamente)

Tim. (Andiam di male in peggio.) Eh non abbiate
    Verun riguardo.

Reg. (mostrando somma esitanza) Ma ...

Tim.   Son uomo onesto.

Reg. Ma senza una ragion ... chiedo perdono ...

Tim. Che volete di più? lo sposo io sono.

Reg. Voi lo sposo?

Tim.   Sì, certo.

Reg. (sospirando forte)   Ah!.. poverino!.

Tim. Siamo da capo! ebben?

Reg.   Non mi conviene.
    Sono amica di casa ...

Tim.   Il vostro nome?

Reg. Donna Tremula.

Tim.   Ah! cara donna Tremula
A questo Nanerottolo,
Che come fosse un trottolo,
Dal signor Scovolotto
Or si vuol far giuocare,
Vi prego in cortesia schietto parlare.

Reg.   Tanta pietà mi far,
        Che voglio aprirvi il core;
        Ma ch' io parlai signore
        Vi prego a ognun celar.

Tim.   Mia cara donna Tremula

Siate più che certa.
Or colla bocca aperta
Vi stò qui ad ascoltar.

Reg.   Questa tal signora sposa
(pendendoselo vicino, e parlandogli in aria
della più impegnata e sincera confidenza.
    Ha una bocca spaventosa.

Tim.   Bocca grande! Ci vuol altro
Per poterla ben saziar!

Reg.   Tiene poi due coscinetti
Per rilievo dei fianchetti.

Tim.   E levati i cuscinetti,
Tutto il resto va a sfumat.

Reg.   E' guercina ...
Tim.   Và benone!

Reg.   E' un pò zoppa ...
Tim.   Meglio ancora !..

Reg.   Dà dei pugni ...
Tim.   Alla malora!
O che quadro figlia mia!

Reg   Qualcos'altro ci saria ...
Tim   Oh ce n'è più del bisogno:
Fin vederla mi vergogno.

Reg.   Fate poi quel che vi par..

Tim. a 2. Or capisco la ragione
Di quel tal *bru bru* ... ah!..: ah!...
    (contraffacendo li suddetti.
Che onestissime persone!
Grazie a tutti! che buon cuore!
Zio briccone! ed impostore;
Il contratto vo sracciar.
Benedetta donna Tremula!
Voi mi fate respirar.

Reg.   (Non c'è dubbio, m'ha creduto,
Il babbione è già caduto.
Dal diletto dal contento
Io mi sento a trasportar.)
Amo il bene del mio prossimo;
Ve lo posso assicurar.
    (*Tim.* parte dalla comune.

SCENA VI.

Reginella poi Erasto.

Reg. AH che bel colpo!

Era.   Ebbene?

Reg,   Ei l'ha bevuta,
Non vuol veder la sposa, ed il contratto
Ha detto di stracciar.

Era.   Che gioia io provo!

Reg. Faceste tener dietro....
Allo Zio?

Era.   Lo feci, ed anzi un pezzo
Starà a tornare a casa,
Poichè gli misi al fianco un ciarlatore
Che con mille pretesti
Lo và tenendo a bada come và!

Reg. Ora far converrà
Quel che v'ho detto, acciò s'una ne sbaglia
Faccia un'altra l'effetto.

Era. Ah! ben conosco a prova il vostro affetto.

Reg. Non c'è da perder tempo. Andate andate.

Era. Vado: non dubitate;
Sì; tutto far vogl'io
Solo per possedervi idolo mio.
  Ah quanto mai sospito
   Il fortunato istante,
   In cui quest'alma amante
   S'unisca al vostro cor!
  Che gioie quai contenti
   Ci attendono mia speme!
   Che teneri momenti
   Godremo in sen d'amor!   (*parte.*

SCENA VII.

Reginella e Martellina.

Reg. SE ci riesco!.. (*). Hai qualche novità?

Mas. Andiam di bene in meglio.

Reg. Che vuol dir?

Mar.   Trespoletto
Ha persuaso quel babbeo d'andare
(*) *Esce Reginella.*

Fuor di casa lo Zio a ricercare.
Reg Va ben. Nelle mie stanze intanto io vò.
Ed a' nuovi ripieghi penserò.   (*parte.*

S C E N A VIII.

Martellina poi Policarpio.

Mar. FAr che si sposi a forza una ragazza!
    O che pazzia!   (*esce Pol.*
Pol.   Non s' è veduto alcuno
Finchè fui fuor di casa?
Mar. Nessun.
Pol   Va a dire intanto a Reginella
Che si stia preparata,
Che lo sposo a momenti ha da venire.
Mar. Subito. (Chi sà come andrà a finire!)
                              (*parte.*

S C E N A IX.

Policarpio, poi Timonella.

Pol. A Quanto mi fu scritto
    Dal signor Timonella,
Egli di già dovrebbe esser venuto.
Non vedo l' ora di dargli un saluto.
        (*esce Tim. inosservato da Pol.*
Tim (Vo veder con pazienza dove arriva
La somma bricconata di costui.)
                      (*si avanza.*

    Oh signor Policarpio...
Pol.   Oh caro amico...
                      (*complimenti.*
    Che siate il ben venuto!
Tim. E voi che siate il ben ma ben trovato!
Pol. Sediamo.
Tim,   Non importa.
Pol Non v' ha stancato il viaggio?
Tim   Oibò: son fresco.
Pol. Amico, v' ho una sposa preparata ...
    Una ragazza...
Tim.   Bella?

Pol.   A sufficienza.

Tim. Con una bocca stretta?

Pol.   Anzi bocchino.

Tim Con un occhio perfetto?

Pol.   E brillantino.

Tim. Dritta che par un fuso?...

Pol..   Certamente.

Tim Piuttosto grassottella?...

Pol.   Amico, amico

E' un pane di burro.

Tim.   Quieta, quieta?...

Pol. Non fa mile a una mosca...

                         Ah!...

Tim. (*inquietandosi*)

Pol. (*interrompendolo*)   Ben comprendo.

Siete smanioso di vederla...

                         Ah!...

Tim.   Intendo.

Pol. Non ne potete più...

                    Ah!...

Tim.   Vado a pigliarla,

Pol. E sul fatto con voi voglio sposarla...

Tim. Ah! corpo di seicento satanassì!...

   (*caricando Pol. che altàmente stupisce.*

Pol. Oh oh!...

Tim.   Non sono un bambolo

Pol. Come!...

Tim.   Ho un par d'occhi in testa.

Pol. Perchè?...

Tim.   Farmi venir fin da Piacenza?

Pol. Ma...

Tim. Farmi sottoscrivere un contratto!...

Pol. Prima...

Tim.   E trattami come fossi un matto;

E poi darmi una sposa...

Pol.   Piano, piano...

Eh! che diavolo dite?... ora capisco.

Qualche lingua cattiva

Certo v'ha messo delle pulci in testa.

Ma me ne rido, Attento,

Che m'impegno di farvi apieni contento

Zitto è solo in quella stanza

          (*gliel' accenna.*

Quieto quieto v'ascondete,
Or quà vengo colla sposa,
E voi stesso la vedrete,
Quest'è certo un operare
Con schiettezza e verità.
   Nel mirar quel suo bocchino
    Si bellino... (*) Che vuol dire?

Tim. Ch'ora ho un sono da morire.

Pol. Nel veder quel bell'occhietto
    Vezzosetto... (**) Cos'è nato?

Tim. Qui una mosca m'ha beccato.

Pol. Nel goder la taglia snella
    Dritta assai... (***) Ciò che dir vuole?

Tim. Che un calletto quì mi duole.

Pol. Nel conoscerla buonina
    Dolce dolce... (****) Non v'intendo.
    (*ritirandosi da Tim. con apprensione.*

Tim. Vo la macchina squotendo,

Pol. Nel vederla grassottella,
    Tonda ben... (*****) Ma in fede mia!
           (*inquietandosi.*

Tim. Io mi gonfio d'allegria...

Pol. Ah voi pur non mi credete!
    Ritiratevi e vedrete.
    V'assicuro che il boccone
    Vi fa gola come va.
    Ma chi v'ha così ingannato
    Poi pagarmela dovrà.   (*parte.*

SCENA X.

Timonella poi Erasto.

Tim. (*resta un poco sospeso*).
    Diavolo! che ho da credere?...
    Pare ch'egli non pensi d'ingannarmi.
    Ma d'altra parte poi per qual ragione
    Tutte quelle onestissime persone,

(*) *Tim. fa le boccacce.*
(**) *Tim. fa il guercio.*
(***) *Tim. fa lo zoppo.*
(****) *Tim. dà delle pugna all'aria.*
(*****) *Tim. fa le viste d'averc i cerchietti*

Bru bru.. uh uh! ah ah!.. m' hanno avvisato,
Ed anche donna Tremula ...
Che buona donna!... ma.. che confusione!
Mi par d' avere in testa un gran pallone.
            (esce Erasto inosservato da Tim.)
Era. (Quì di nuovo costui!...)
Tim.   Basta: vedrò,
      E su quanto vedrò risolverò.
(esce nella stanza accennatogli da Pol., e
   ne chiude la porta.

SCENA XI.

Erasto, poi Policarpio, e Reginella..

Era. NON so capirla. Egli è quà ritornato?..
            Che qualche disappunto fosse nato!..
Ma quà don Policarpio   (osservando..
Con Reginella vedo ora venire.
Ah! la potessi ch' egli è lì avvertire!
(si mette in disparte. Escono Reg. e Pol.
Pol. Oh venite, venite.
Reg. Da me cosa bramate?
Pol.   Io volea dirvi,
      Che questo sposo ancor non è arrivato,
      Ma fra poco verrà.
Reg. Dirmelo si poteva anche di là.
(s'accorge d' Era. che le accenna la porta
   suddetta di nascosto di Pol.
      (Erasto quì!...)
Pol.   Ma in questa sala adesso
      Vi ho pregata venir per un oggetto,
      Che deve interessarvi.
Era (Non mi capisce.).
Reg.   Io sono ad ascoltarvi.
Pol. Dunque.... voi quì?...
            (avvedendosi d' Erasto.
Era.   Scusatemi:
      Io venni...
Pol.   A tempo, a tempo. Testimonio
      Quì vi voglio per vostra confusione.
      Seconderete voi la mia intenzione?
                              (a Reginella

Reg. Ne sono dispostissima.
(con l'occhio accortamente ad Erasto che
fa cenni secreti ec.
Pol.   Sarete
     Per farmi scomparir?
Reg.   Non dubitate.
     (Ma che vuol dirmi Erasto?)
Pol.   Ora ascoltate.
     Vi vo far dei begli abiti.
Reg. Grazie.
Pol.   Di là voltatevi..!
(la fa voltar colla faccia alla porta della
stanza ov'è rinchiuso Tim.
     Tornatevi a voltar...
Reg.   Ma che?
Pol.   Diceste
     D' obbedirmi.
Pol.   E il ripeto.
Pol.   Or dunque fissæ
     Guardate quella porta.
Reg. La guardo ...   (eseguisce.
Era. (Ah qualche guaio sta qui nascoso).
Reg. (Erasto non vorrebbe ... io non intendo.)
Pol. Adesso camminate.
Reg. Voi ridere mi fate.   cammina ec.
Pol.   Ferma là,
     Che al gran punto arrivati siamo già..
Reg. Che vuol dire?
Pol.   Che adesso, che voi foste
     Dall'alto al basso tutta contemplata,
     Veglio farvi una dolce improvvisata.
apre la porta ov'è Timonella, che esce.
     Sorpresa ec.
Pol. Mirate: ecco la Sposo.
                 a Reg. accennandole Tim.
Tim. Quest'è la Sposa mia?.. attonito a Pol.
Reg. (Non so dov'io mi sia ...)
Er. (Perduti oimè noi siamo ..)
Reg.Era. (Che tremito mi sento)
         (Respiro, o cielo a stento !
a 4   (Deh tu m' ispira o amore,
                le
         (Dei forza a me donar.)
                       lei

Pol.　((Confuso è l'insolente;
　　(　Modesta è Reginella;
　　(　Che degna figlia è quella;
　　(　Che onore m'ha da far!)
Tim.　((Oh veh! che donna tremula
　　(　Cambiata è in Reginella!
　　(　Oh questa sì ch'è bella!
　　(　Vediam che s'ha da far.)

(*Reg. sta pensosissima, ed Erasto in agita-*
zione segreta.

Pol　Ebbene: e che vi pare?　　*a Tim.*
Tim.　Che.. dica lei qualcosa.　*accenna Reg.*
Pol..　Via, valli tu a parlare?
Reg　Signore ... (l'ho trovata.)
piano ad Ernesto nel passargli vicino per an-
dare da Timone la.
　　　　Con gran rossor son quà.
　　　　　　affettando somma riserva.
Pol.　Guardate la, e crepate.
ad Erasto accennandogli Reg. vicina a Tim.
Era.　Pazienza ci vorrà!
Reg.　(V'avverto ... ma tacete
piano a Tim., e con affannosa premura.
　　　　O ch'egli qui m'ammazza.
　　　　Or per la sua nipote
　　　　Passar con voi mi fa.)
Tim.　(Ah vecchio cabalone; ...)
va gradatamente inquietandosi, ma tacitam.
Pol.　Via, stagli un po attaccata ..
a Reg che affetta il più rigoroso contegno.
Tim.　(Si può sentir di peggio!)
Pol.　Via, fagli due finezze.
Tim.　(Di peggio si può dire; ...)
Pol.　Due lecite carezze ...
Tim.　(Per lui mi fa arrossire.)
Pol.　Da brava ...
Tim.　　　　Ah cospettaccio!
　　　sulle furie, e spingendo in là Pol.
　　　In sacco quel mostaccio!
　　　Oh povera innocente!　　*a Reg.*
　　　Che mondo tristo affatto!
　　　Così del tuo contratto
　　　　　　　cava una carta

O cabilon, si fa.
la straccia, e la getta in faccia a Pol.
Pol.   A me sì ingiusto oltraggio!
                    in furia contro Timonella.
        Ah corpo del demonio! ...
Tim.   Avanti s'hai coraggio:
sfilandolo. Vogliono ambi attaccarsi, ma
    vengono trattenuti, Pol. da Reg. , e Tim.
    da Erasto.
            S'hai core, quì t'aspetto ...
Tim.Pol.Non soffro l'insolenza ...
        Quest'è una prepotenza!
    n 4 Il mondo sottosopra
        Da me si volta già.
Reg.Era.Calmatevi ... sentite ...
        Fermatevi ... finite ...
        Il mondo sottosopra
        Da voi si volta già.
entra Pol. spinto a forza da Reg. , ed Erasto
    caccia Timonella fuori dalla comune.

S C E N A   XII.

Martellina, e Trespolotto.

Mar. HAi tu veduto?
Tre.   Hai tu sentito?
Mar.   Oh come
    Si portò la padrona
    Da ragazza di spirito!
Tre. Ma che segreto mai seppe adoprare
    Per medicare un così brutto affare?
Mar. Amico, hanno le donne
    Certi loro segreti portentosi,
    Che fan vedere il bianco per il nero.
Tre. Brave, vi stimo assai!
    Ma voi non mi beccate,
    E larga mene sto.
Mar.   Che smargiassate!
    Il bravaccio tu fai; ma se per caso
    In testa mi saltasse
    Un certo mio grilletto,
    Curioso ne vedresti in te l'effetto.

So prendermi dei spassi
  Con certi bei galanti:
  Li burlo tutti quanti
  Ma proprio come va.
Se alcun ne vien talora
  Tenero, Lindo e snello,
  Grazioso e vanarello
  Ripien di sua beltà
Allora sì davvero
  Lo fo impazzire affatto:
  Diventa sordo e matto,
  E fuor di se si stà.
In somma il mio amoroso
  Discreto dee vedere,
  Prudente dee tacere,
  E il tutto in bene andrà.   *parte.*

SCENA XIII.

Trespolotto poi Policarpio.

Tre. CHe bella abilità non invidiabile.
Pol. Trespolotto, va, corri
  A ricercare il Signor Timonella,
  E fa ch'ei quà ne vonga..
Tre. Ma tanto incollerito or ora è andato...
Pol. Se ti riesce farmelo venire
  Ti regalo un zecchino.
Tre. Ah per il mio padron che non farei?
  Corro, e lo fo venir tosto da lei.   *p.*

SCENA XIV.

Policarpio, poi Reginella.
Pol. EH so io come vincere la bestia.
  Reg si fa vedere in aria mortifica-
tissima.
  Oh vieni Reginella.
  Poverina! Tu sei mortificata!
Reg Ah troppo fui maltrattata Signor Zio.
Pol Ah troppo sì.
Reg   Voglio ben asser brutta,
  Ma tanto poi!...

Pol.   E' vero...

Reg Io!.. v'acceto!... (*piange caricatamente.*

Pol.   Non piangere...

            (*commovendosi.*

Reg..Ma..non.. pos.. sofre.. nar.. mi..

Pol. Consolati, ed appieno in me riposa.

   Tu dimani sarai certo sua sposa.

Reg' D'man' sua sposa!..

(*passando dal finto do'ore ad un entusiasmo*
  prodotto in lei della sorpresa e dallo sdegno.

Pol.   Sposa..

Reg.   Dite il vero!..

Pol. Certissimo....

Reg.   Possibile! .

Pol. (Or or diventa matta dal piacere.)

Reg Ma come!..

Pol.   Eccoti il mezzo. Hò preparato

  Un foglio in bianco da me sottoscritto.

  A lui 'l consegno onde vi scriva sopra

  Quei patti più gli piace Questa notte

  Quì resterà a dormire. So ch'è avaro,

  Che gli piace il danaro.

  E crescendo la dote a suo talento

  Ti sposa te lo giuro in sul momento.

Reg (*dopo lunga pausa e riflessione fra se.*)

  Quando gli date il foglio?

Pol.   Or che viene:

Reg E foglio in bianco?

Pol.   In bianco.

Reg.   E sottoscritto

  Da voi?

Pol.   Da me soscritto.

Reg   E dormirà

  Quivi stanotte?

Pol.   Quì. Ne hai tu contento?

Reg. Respirar voi mi fate in tal momento.

Reg. Caro Zio amato foglio

  Voi rendere a me la calma

Pol. Gode esulta

Reg. Ah che quest'alma

  Prova sol felicità.

  Oh che giorno di contento

  Giubilando in tal momento

Lieto il cor in sen mi stà.
Po'. Oh che giorno di contento
Questo sì per te sarà.   (parte.

SCENA XV.

Policarpio, poi Timonella, e Reginella
in disparte.

ol. OH vedete! di già s'è innamorata
del signor Timonella.
Ora sono impaziente ...   (esce Timon.
Tim. Io sono un galantuomo,
Nè potei rifiutare il vostro invito:
Ma se pensate ancora d'ingannarmi,
L'inganno avrete affè, caro a pagarmi.
                    Reg. si fa vedere
Pol. Io ingannarvi! Credetemi
Che qualche grande imbroglio c'è qui sotto
Cui vo tagliar le gambe ora di trotto.
Reg. (Siamo attenti.)   si ritira.
Pol. (cava un foglio e lo dà a Tim. Prendete.
Tim   Cos' è questo?
Pol. Un foglio in bianco da me sottoscritto,
Tim. E' vero.   osservandolo
Pol.   Ebben; su quello
Scrivete quanti articoli vi piace,
E accrescete la dote se volete.
Io mi sommetto ad ogni condizione;
Ma si salvi la mia riputazione.
Tim. Voi fate ciò?
Pol.   L'ho fatto. Favorite,
Giacchè omai si fa notte,
Di dormire in mia casa, e poi domani
Voi mi risponderete a tutto questo.
Tim. Se v'ho da dire il ver, confuso io resto.
Pol. Accettate il partito?
Tim.   Accetto.
Pol.   Addio.
                    per partire.
Tim. Di grazia. (Pol. si ferma) Quella giovane,
Che voi mi presentaste ...
Pol. E' la nipote mia.   con calore.
Tim. Ma ... e certa donna tremula

E' amica qui di casa?

Pol. Non la intesi nemmeno a nominare.

Tim. Oh!...

Pol.   Schiarirem diman tutto l'affare. *par.*

SCENA XVI.

Timonella solo.

guarda dietro Policarpio; fa pausa, poi dice.

UH diavolo che ho inteso!.. La pupilla
    E' quella donna Tremula
Sono la stessa cosa? Bagattella!
A conti a conti caro Timonella.
Ebbene, che ho da fare?
  Mi debbo maritare?
Il Contratto sul foglio stenderò?
Vi debbo acconsentire sì o nò?
  Se ho dirla, avrei molto piacere
    A pigliarmi una cara sposina:
    Ma se sopra vi faccio pensiere
    Resto incerto, nè so cosa far.
Se ritrovo una donna, che al fianco
    Voglio aver l'onestissimo amico,
    Io vo incontro a una toppa, a un intrico
    Che i pensieri può farmi turbar.
Se volesse di notte far giorno,
    Ah per me saria certo un dispetto!
    Che mi piace il caldetto del letto,
    E la notte tranquillo vuo star.
S'ha dei grilli, mi fa disperare,
    S'ha puntigli, dovrò quistionare;
    S'è volubile, oimè che martello!
    S'è pettegola, oimè che flagello!
    S'è gelosa, mi manda in sconquasso,
    Sicchè dunque una donna cattiva
    In rovina mi può stramandar!
Che non possa trovarmene una!
    Ch'abbian tutte la loro magagna!
    Se nel mondo non vò della luna
    Qui davver non la so ritrovar. *p.*

SCENA XVII.

Reginella poi Martellina.

Reg. SIamo già al punto. A noi, coraggio
                                        (alfine
   Si trattà d'un'onesto matrimonio.
                              (esce Mar.

   Ebbene?
Mar.   Trespolotto ha già schiodata
  La porta che conduce
  Per la scala segreta nella stanza
  Ove anderà a dormire
  Il signor Timonella .
Reg. E Trespolotto è in pronto?
Mar.   In pronto.
Reg.   Erasto
  Venne avvertito?
Mar.   Or ora sarà quà,
  E introdotto verrà segretamente.
Reg. Stà all'erta con lo Zio
Mar.   Allor che il vedo
  Nella sua stanza a entrare
  Ve lo vengo signora ad avvisare (pa.

SCENA XVIII.

Reginella, poi Erasto, infine Martellina.

Reg. EPpur, del mio coraggio
    Ad onta ancor, mi sento
  Un pochino tremare in tal momento.
  Deh tu mi sostieni il cuore.
                            (esce Erasto.

Era. Mia cara non temete,
  Voi pronto mi vedete.
Reg. Ah! respirar mi fate.
Era. Si sì, non dubitate.
a 2. Non temo nò il cimento,
  Già mi protegge amor. (esce Mar.
Mar. In stanza andò, lo zio
    E l'altro è ritirato.
Reg. Tutto è disposto all'opra. (ad Era.

ra. Fido vi sono a lato.

a 3. La notte ed il silenzio
        Ci danno il suo favor.   (*partono.*

SCENA XIX.

Notte.

Camera con Alcova, che ha le cortine tirate, Porta secreta da un lato, ch'è chiusa. Tavolino con lume e l'occorrente da scrivere. Sedie. Un cordone appeso con fiocco indica la corrispondenza ad un campanello.

Timonella, indi Reginella, Erasto, e Trespolotto dalla porta segreta. Trespolotto sarà vestito da Spuccone con gran baffi e spadaccia.

Tim. Eppur fissa ho nella testa
     Donna Tremula e la sposa.
     Stravagante è assai la cosa,
     E non so quel ch'ho da far.
     Ho da sciogliere l'impegno?.
     Ho da scrivere il contratto?.
     Che ci perdo se lo scrivo?.
     Oh non perdo niente affatto.
     Ecco il foglio. A noi: scriviamo:
(*siede al tavolino e spiega la carta avuta*
    da Policarpio.
     Questa dote un pò accresciamo.
     Voglio pria che del contante
     La valuta sia sonante:
     Che la donna obbediente
     Al marito riverente
     Sempre debbasi mostrar.
(*prende la penna: in queste escono Reg. ed*
Era inosservati da Timonella che viene
sorpreso da Reginella.
     Oh son uomo di talento!..
     Oh Donna Tremula!.. che vuole?..
(*si leva impetuosamente e mezzo atterrito.*
Reg. Dire a lei sol due parole.
(*lo tira a se. Frattanto Erasto siede al ta-*

*volino e scrive sul foglio suddetto. Tim. si
avvede di lui; vorrebbe andare al tavolino, ma Reg. il trattiene.*

Tim. Bru bru bru! che stà facendo?

Era. Un contratto vò stendendo...

Tim. Su quel foglio? nol permetto:
E' soscritto dallo Zio.

Era. Da ciò appunto un grande effetto
Dee fra poco risultar.

Tim. Ma non voglio... non va bene...
) *vi per forza al tavolino, ed Erasto lo
spinge via.*

Era. La si levi...

Tim.   Non consento...
(*per voler ritornare, e Reg. il rattiene.*
Non permetto...

Reg.   A me dia retta.
Mio fratel don Bajonetta
Si potria perciò inquietar.

Tim. Che fratel! che baionetta!...
(*si svincola da Reg. va per correre al tavolino. In questo trespoletto con spadaccia..
e tim. impaurito si ferma.*
Servo a colei... dicea per caso...

tra. Ella dunque è persuaso?...
(*ruotando la spadaccia.*

tim. Persuasissimo!

tra.   E' compito?   (*ad Erasto.*

Era. Con due righe ho già finito.

tra. Che brav' uomo!..
(*a tim. accennandogli Erasto.*

tim.   Ah! un gron talento!

Era. Restan qui le soscrizioni.

tra. Noi saremo i testimoni: (*a tim.*

Tim. Ma se è lecito, di che?

tim. Del contratto di lor nozze
Da lui stesso or ora scritto.

tim. Ma quel foglio, è sottoscritto...

tra. Anzi è questo..

tim.   Io non lo voglio,
E stà male....
(*tresp. ruota la spadaccia come sopra.*

Reg.   (*tirando a se tim.*) A me dia retta.

       Mio fratel don Bajonetta
        Si potria perciò inquietar.
        (accennandogli Tresp. come sopra,

Tim.   Ah!.. va bene!..   (impaurito.
Reg.   Io sottoscrivo.
        (va al tavolino a sottoscrivere.
Tim.   (Donna Tremula briccona!..)
Era.   Il mio nome io pur qul scrivo.
         (sottoscrive e si leva.
Tra.   Io son qul per testimonio...
         (va a sottoscrivere.
Reg.   Tocca a lei signor garbabato. (a Tim.
Tim.   Io non vado...   (con ira.
Reg.   (tirandolo a se.) A me dia retta.
       Mio fratel don Bajonetta
        Si potria perciò inquietar,
  (accennandogli Trespolotto che ruota la
    spadaccia.
Tim.   Vado subito.
        (impaurito va a sottoscrivere.
Era. e Reg.   Benone!
Tre.   Dissi già ch'è un uomenone!
Tim.   Tropp' onore!..
Tra.   E' fatto tutto.
(ritira il foglio dal tovolino; lo piega e lo
  mette in saccoccia.
Era.   Faccia ai sposi un pò d'evviva!
          (a Tim.

Tim. Anchè?..
Esa.Reg.e Tra. Evviva! (forzandolo all'allegria
Tim.   (con ira)   Evviva!
a 4   Evviva!
      Era. Reg. e Tra
  Ora lieti e appien contenti
  Noi possiamo adesso andar.
  Le auguriam la buona notte:
           (a Tim.
  Vada pure a riposar.
Tim.   Vadan pure che li mando:
  (O potessero crepar !)
  Mille grazie; buona notte:
  Vado tosto a riposar.
(Reg. Era. e Tra. rientrano per la porta sud

detta e la serrano a chiave per di fuori.
Partiti che sono. Timonella tira violente-
mente e replicatamente il cordone, e suo-
na una campanella. Poco dopo esce Policarpio con un servitore con lume.

SCENA XX.

Timonella ; indi Policarpio con un servitore

Tim.	QUà servi .. quà genti..
	Venite .. sentite ..
	Quà presto .. correte.
Pol,	Che cosa v'è nato?
Tim.	Quì il diavolo è entrato ..
Pol.	Ma come?.. ma quando?
Tim.	Vedete?..
	(accennandogli la detta porta segreta.
Pol.	Che cosa?
Tim.	Bru bru .. donna Tremula! ..
Pol.	Ma io non v'intendo ..
Tim.	Io voglio andar via ..
Pol.	Quest'è frenesia ..
Tim.	Ma presto .. ma presto.
Pol.	Un altro pretesto! ..
	Non sò tollerare
	Di farmi burlare.
	Alò, fuori il foglio.
Tim.	Il foglio è sfumato ...
Pol.	Via fuori quel foglio ...
Tim.	Il foglio !.. bru bru ...
Pol.	Via fuori vi dico ..
Tim.	Tiratelo voi di man del demonio ...
Pol.	Tu sei un tristaccio ..
Tim.	Ti rompo il mostaccio ...
	Ah corpo di bacco;
	Ti vo sbudellare,
	Ti voglio squartare ...
a 2	S'hai core, vien qua.

(per azzuffarsi, ma con timore l'uno dall'altro.

SCENA ULTIMA.

Reginella, Erasto, Martellina, e Trespolott
che dividono li suddetti.

Reg.   **D**Eh fermate o ciel fermate!
           Perdonate o mio signore:
           Fu cagion di tutto amore:
           Ed io sposa sono già.

Pol.   Voi sposata?
Reg.   Sì lo sono.
Pol.   Ed a chi sposata?
Reg.   A Erasto.
Tim.   Su, mettetevi quel basto.   (*a Pol.*
Pol.   Con qual modo?
Reg.   Su quel foglio
           Sottoscritto già da voi
           Fu segnato poi dai noi
           Il contratto che firmato
           Da voi pur così si stà.
Pol.   Io mi resto sbalordito.
Tim.   Ora tutto ho appien capito.
Pol.   Temerario ...
Era.   Deh signore ...
Pol.   Bricconaccia!..
Reg.   Ah caro zio!
Tim.   Eh finitela, sposateli
           Che già inutile è gridare.
Pol.   Se non posso rimediare
           Adattarsi converrà.
             Tutti.
       Se l'ingegno aguzza amore.
       Sempre amor trionferà.
       Si prepari l'allegria.
       E diman si brillerà.

F I N E.